EL VAIXELL DE VAPOR

Un perill sota el mar

Flavia Company

Il·lustracions de Sabala

cruïlla

Primera edició: març de 2009

Direcció literària: Montse Ingla Mas
Edició: Josep Pascual Comellas

Balmes, 245 - 08006 Barcelona
editorial@cruilla.com

Comercialitza: CESMA, SA

ISBN: 978-84-661-2199-6
DL: M-9574-2009
Imprès a Espanya / *Printed in Spain*
Impremta Orymu, SA

A l'autèntica
Esther de les Rovirelles

1
La trucada de l'alcaldessa

HAVIA PASSAT algun temps des que en Tomàs, la seva germana petita Lola i els seus amics, la Maria, la Tina i en Nemo, amb l'ajut del Rom i del Cafè, el gos i el gat dels amics dels seus avis, havien rescatat la Violeta i la seva gata Mona. I tot gràcies al missatge que la Violeta havia enviat dins d'una ampolla i que ells havien trobat mentre feien un castell de sorra a la vora de la mar. No només havien salvat la Violeta sinó que, a més a més, havien descobert el passadís de Viotolonetimomacarom i la Cova de la Platja, que unia la part més alta de la muntanya amb la mar. Va ser una gran

notícia per a aquell petit poble de la costa on gairebé mai no passava res. L'alcaldessa, com és natural, es va comprometre a convidar-los quan haguessin d'inaugurar el passadís secret, però diversos entrebancs burocràtics havien impedit que ho fessin fins aleshores.

Ara, però, havia arribat el moment. L'alcaldessa havia trucat en primer lloc als avis de la Lola i en Tomàs. Sabia que els nens havien anat al poble amb ells perquè els pares, com de costum, estaven desbordats per la feina i havien hagut de quedar-se a treballar. I els avis, que recordaven molt bé el mal moment que havien passat pensant que els nens s'havien perdut, van anar a veure els seus amics per comentar el cas; la Rita i en Xesc també hi eren, aquell cap de setmana. Què havien de fer, ara? Havien de portar els nens a la inauguració o no? I si els tornaven a perdre de vista? El que era clar és que no era just amagar-los la informació. Tot i que havien desobeït, els nens havien estat protagonistes d'una autèntica proesa. Havien trobat la Violeta i l'havien treta d'aquella cova. D'altra banda, havien descobert el passadís, i per això l'havien batejat amb la suma de la primera síl·laba del nom de tots els que hi havien participat: «Vio-to-lo-ne-ti-mo-ma-ca-rom». L'única que no podria tornar-hi era la Maria, que se n'havia anat a viure a Anglaterra amb els seus pares.

Després de discutir avantatges i inconvenients, els avis i els amics dels avis es van posar d'acord: anirien tots plegats a la inauguració després de fer prometre als nens, això sí, que es portarien la mar de bé. El Rom i el Cafè, que feia estona que els sentien parlar, van ensumar aventura i es van posar molt contents.

La roda de l'organització va començar a girar: els avis van trucar als pares de la Lola i en Tomàs per demanar-los que els deixessin anar amb ells de cap de setmana. En Tomàs va telefonar a la Tina i en Nemo, que, després de preguntar-ho als pares, s'hi van apuntar sense dubtar ni un moment. També va trucar a la Violeta, que s'hi va sumar entusiasmada. La Lola, per cert, va demanar a en Tomàs que recordés a la Tina d'agafar la seva motxilla: havia estat l'element clau de l'expedició al passadís. Sense la motxilla, res no hauria estat possible. I va recordar el que la Tina hi duia: quatre llaunes de tonyina, tres paquets de galetes, sis rajoles de xocolata amb llet, dues ampolles d'aigua, uns quants terrosos de sucre, una llanterna, una corda molt llarga, una manta, una jaqueta, un xiulet, uns prismàtics, una ràdio petita, un tros de filferro, dues bosses de plàstic, tres espelmes, dos bolígrafs, una capsa de llumins, un mapa de la zona i alguns folis rebregats. Ara, sens dubte, hi afegiria els walkie-talkies que els havien regalat com a

premi per haver trobat la Violeta. Tots els portarien.

El que ningú no sabia encara és que en Tomàs estudiava des de feia temps el mapa que l'avi havia trobat en un bagul antic, i que estava convençut que d'algun lloc de la Cova de la Platja sortia un túnel secret que duia a una profunda gruta situada sota el nivell del mar, a més d'un quilòmetre de la costa, on s'amagava un tresor impressionant. Havia consultat enciclopèdies i cartes nàutiques. Cap no en parlava. Malgrat això, ell estava segur que existia.

2
L'arribada al poble

L'ALCALDESSA els esperava a l'andana de l'estació acompanyada dels dos policies que havien intervingut en el rescat de la Violeta.

Els primers a baixar del tren van ser el Rom, la Mona i el Cafè, que es van posar a córrer per estirar una mica les potes.

–Estic molt contenta que hàgiu vingut –els va dir l'alcaldessa quan van ser tots al seu costat–. Tal com us vaig dir quan vau fer el vostre descobriment, aquest és un episodi de gran importància pel nostre poble...

–S'hi ha trobat res d'interessant, a la Cova de la Platja? –La Tina la va interrompre; des de feia dies que no dormia, menjada per la curiositat.

–Tina, fes el favor de deixar parlar l'alcaldessa –li va dir en Xesc mentre s'arreglava el coll de la camisa.

–Ha ha ha! –L'alcaldessa es va posar a riure.– No s'amoïni. Ja veig que l'esperit aventurer d'aquests nois i noies intrèpids no descansa ni un segon. No, no s'ha trobat res de sorprenent, però hem necessitat molt de temps per acabar d'explorar totes les grutes, passadissos secundaris i coves petites dins la cova gran. Allò és un autèntic laberint.

Els guàrdies van fer que sí amb el cap.

Van pujar tots a un petit autocar que l'alcaldessa havia disposat per rebre'ls. Hi havia els avis, els amics dels avis, el Rom i el Cafè –que estava contentíssim d'haver retrobat la gateta de la Violeta, la Mona–, en Tomàs, la Tina, en Nemo, la Lola, la Violeta, l'alcaldessa i els dos policies, que anaven als seients del davant.

–Bé, demà dissabte, a les vuit del vespre, en presència de les autoritats, la banda de música i tot el poble, tindrà lloc la inauguració de la cova. Ens agradaria comptar amb la vostra presència, la de tots. –I va acariciar amb tendresa el Rom, el Cafè i la Mona.– Durant el cap de setmana, no obstant, romandrà tancada al públic; s'obrirà a partir de dilluns.

En Tomàs va pensar que tenien poc temps per escorcollar l'indret. Havien d'anar més de pressa que el temps.

L'alcaldessa va continuar:

–Si vosaltres voleu visitar-la, podreu fer-ho, només faltaria! Aquest cop, però, acompanyats dels avis. No voldríem pas que els donéssiu cap ensurt. I de tota manera, no crec que quedi cap misteri per descobrir. Per cert, si hi voleu anar –i ara s'adreçava directament als avis, a la Rita i a en Xesc–, penseu que l'entrada de la Torre Vella era perillosa, i està tapiada des del dia del descobriment. L'única que queda oberta és la de la platja, tot i que ara el pas queda interceptat per una roca que traurem en el moment de la inauguració...

Just en aquell instant va començar a sonar el walkie-talkie d'un dels dos policies reclamant la seva presència en algun lloc. El policia va contestar que hi anirien de seguida.

–Senyora alcaldessa, hi ha hagut un altre robatori –va informar.

–Un altre? –I es va adreçar als avis:– Des de fa temps hi ha pel poble uns lladres de joies que sembla que les ensumin. I deuen ser invisibles, perquè donen el cop i, immediatament després, es fan fonedissos. Ningú no ha pogut descobrir on s'amaguen.

–Ja no sabem què fer per enxampar-los –va dir el policia.

–Però tranquils, no corren cap perill –els va dir l'altre policia–. Només els interessen les joies.

3
Aventura a la vista

AQUELL VESPRE per sopar van menjar pizza i gelat i, després, es van rentar les dents sota l'estricta vigilància de l'àvia que, com sempre, els va cantar la cançó de raspallar les dents:

Omple de pasta el raspall
I mira't les dents al mirall.

Raspalla-les ben raspallades,
Cada dia un cop o dos.
Ara dalt i ara baix,
No s'hi val a ser mandrós!
I quan tinguis les dents netes,
Doncs tornem a començar:
Com més polides les deixes
Més gelats podràs menjar.

Tot seguit es van tancar a l'habitació acompanyats del Rom, el Cafè i la Mona, que ja s'havien fet de nou inseparables. Feia goig de veure'ls, tan petits els dos, tan blanquet ell i tan negreta ella. El Cafè era més blanc que la Lola, que ja és dir. I la Mona més negra que la Violeta i fins i tot més que el gran Rom.

Quan el Rom va parar l'orella i els va assegurar que tots els avis dormien, en Tomàs va treure de la seva motxilla un paper vell i esgrogueït. El va desplegar a terra i va dir:

–Tenim una altra aventura a la vista. Al final d'aquest túnel –tots es van acostar a mirar el paper de més a prop–, justament al final, segons els meus càlculs hi hauria d'haver un tresor.

Tots van recordar que en Tomàs era infal·lible, quan es tractava d'interpretar mapes.

–Això sí, l'única manera d'arribar-hi és trobar la porta del passadís ultrasecret que, per força, ha de sortir d'algun lloc amagat de la Cova de la Platja.

–Però... –va comentar la Tina, encara poc convençuda– al mapa fa la sensació que el lloc de què parles es troba... sota l'aigua! Com vols que hi arribem? Ens ofegaríem!

–Exacte, Tina! Hi toques de mig a mig!

Es troba sota el nivell del mar. A més a més, per acabar d'entendre-ho, ens falta un tros de mapa. I pel que fa a la respiració, suposo que hi deu haver alguna mena de bombolla plena d'aire. El problema és trobar el camí. I sí, potser sí que hi ha el perill de morir ofegats.

–A mi morir ofegat aquest cap de setmana no em va bé –va dir en Nemo mentre s'acabava les provisions de regalèssia.

El Rom, que dormia amb la Mona i el Cafè a sobre, va aixecar lleugerament una orella, però en vista que no hi havia res per menjar ni cap acció immediata, es va tornar a adormir.

–No siguis covard, Nemo –va dir la Lola amb autoritat. Des de feia temps tots se l'escoltaven, perquè ja havia demostrat en més d'una ocasió que el fet de ser la petita no impedia que se li acudissin bones idees. Al cap i a la fi, només tenia cinc anys menys que en Tomàs. En Tomàs en tenia dos menys que la Tina, la Tina un més que en Nemo, que era igual que la Violeta, que en tenia dotze.

–Aniré prenent nota de tot el que diguem al meu quadern –va dir la Violeta, que seguia amb la idea de convertir-se en periodista d'investigació i escriptora.

Van voler saber d'on havia tret en Tomàs tota aquella informació i quina classe d'aventura els esperava. Quin tresor se suposava que trobarien? Quin risc corrien? Hi havia algú, que feia servir el túnel, en l'actualitat? Com és que no l'havien descobert? I sobretot, com s'ho farien, aquest cop, per despistar els avis i els seus amics sense preocupar-los?

4
Plans i decisions

–AQUEST CURS he passat molt de temps a la biblioteca –va dir en Tomàs–. Els profes es pensen que estudio més que mai, però s'equivoquen. El que he fet és investigar.

Va tornar a assenyalar el mapa i va dir:

–Mireu, des del principi vaig veure que hi havia alguna cosa que no quadrava. I no es tracta només que en falta un tros.

–I vols dir que amb el tros que tenim n'hi ha prou? –va preguntar la Tina.

–Sí, però he hagut de treballar molt per entendre'l. I crec que he trobat la manera de llegir-lo correctament. Mireu.

I llavors, davant els ulls al·lucinats dels

seus amics, en Tomàs va plegar en quatre el pergamí, va marcar molt bé els plecs i, després, va estripar el mapa en quatre fragments.

–Però..., què fas? –La Violeta es va esverar.

–Tranquils, ell ja sap el que fa –va assegurar la Lola, orgullosa del seu germà.

En Tomàs va tornar a posar el mapa a terra, ajuntant els trossos d'una manera diferent.

–Només així s'entén. Tal com el teníem, el mapa no mostrava on era el túnel, però així sí. I segurament el tresor està exactament aquí. –I va indicar un lloc fora del mapa.

–Carai! –va exclamar la Tina–. Que fort! I com ho has descobert, això?

–Sembla que la gruta que busquem existeix des de sempre, i que la feien servir els pirates. Ho sabem gràcies a la filla d'un pirata famós.

–La filla d'un pirata? –va preguntar la Violeta, disposada a prendre'n nota.

–Sí, una nena que es deia Esther de les Rovirelles i que va viure fa dos-cents anys. El vaixell del seu pare va naufragar prop de costes catalanes i l'Esther va salvar la vida gràcies a la gruta. Era el lloc on els pirates amagaven els tresors. El mapa que tenim el va dibuixar ella.

–Doncs dibuixava molt bé! –va dir en Nemo.

–Sí, per sort. I a més a més, aquí, a la part inferior, trobem la clau que dóna la solució al trencaclosques: Aquest rellotge.

–Que diu la direcció en què ens hem de moure! –va dir la Lola, entusiasmada.

–Exacte. –En Tomàs li va acaronar el cap.– Bé, la direcció en què hem de moure els fragments del mapa.

–I el rellotge marca la una... –va dir la Lola, que adorava els jocs d'enginy–, o sigui que els fragments els hem de moure... en el sentit de les agulles del rellotge, és a dir, un cop cap a la dreta!

–Molt bé! –En Tomàs la va felicitar.– I

això és el que he fet ara mateix. I, com veieu, un cop muntat el mapa amb les instruccions, queda clar que en falta un tros, que és precisament on ha de ser el tresor.

Tots miraven els trossos de pergamí amb els ulls esbatanats. Ara sí que tenia sentit: Es veia el Passadís de Viotolonetimomacaron i, al final, la Cova de la Platja, amb diverses entrades pertot arreu. N'hi havia una de senyalada. Es deia «Camí de la Mina», de ben segur perquè es tractava d'una foradada molt baixa i estreta. Per allà s'arribava a la Sala de la Llum. I el mapa indicava que, en aquella sala, es trobava l'entrada al túnel de més d'un quilòmetre que, segons en Tomàs, portava directe a la Cova del Tresor, situada sota el mar.

La Violeta prenia notes al seu quadern. Tot allò es podia convertir algun dia en una bona novel·la.

–Per cert –va acabar de dir en Tomàs–, es veu que n'hi havia un altre, de mapa.

Mireu, ho diu aquí, al costat de la signatura de l'Esther. –I va assenyalar la part superior dreta del mapa, on deia amb lletres vermelles «Còpia de l'original».

–I on és l'altra còpia? –va preguntar la Violeta.

–S'ha perdut –va informar en Tomàs–. Ningú no sap on para. De fet, l'Esther va dibuixar aquest de memòria, a partir del que, de segur, va desaparèixer durant el naufragi. El que passa és que, per assegurar-se que ningú no trobés el tresor, el va dibuixar amb les parts desordenades i, a més, a més, en va destruir un tros.

–Sí, és clar, el que deu dir exactament on es troba el tresor. Jo hauria fet el mateix –va assegurar la Violeta–. Segur que ella s'ho sabia de memòria, i no necessitava veure-ho al mapa.

–Però... i si no es va perdre amb el naufragi i la té algú, l'altra còpia? Potser arribem allà i ja hi ha un grup d'exploradors! O potser ja han trobat tot el que hi havia i s'ho han emportat! –va cridar, esborronada, la Tina.

–Xiiiiit! –la van interrompre tots alhora–. Que despertaràs els avis!

De fet, el crit de la Tina va despertar el Rom, el Cafè i la Mona, que feia estona que somiaven. El Rom, en una avioneta peluda, que pilotava amb confiança i seguretat per tots els cels. El Cafè, en una muntanya de gominoles com les que solia menjar en Nemo. I la Mona somiava que era xèrif en una pel·li de l'oest i que la seva ajudant era una ratolina de color rosa.

–Ens haurem d'arriscar –va dir en Tomàs–. La qüestió és que hauríem de trobar el túnel abans que la cova s'obrís al públic. Després... serà molt difícil.

–Però... si la inauguren demà mateix al vespre! –va dir la Tina.

–Hauríem d'anar-hi abans –va dir en Tomàs molt seriosament.

–Això és impossible! –va dir la Violeta, desanimada.

–Impossible no hi ha res –va dir la Lola, segura d'ella mateixa.

En Nemo va sospirar. De debò que no podien tenir unes vacances o un cap de setmana en pau un cop a la vida?

–Voleu fer el favor d'apagar el llum i de dormir, que ja és molt tard? –era la veu de l'àvia des de la seva habitació.

–Demà, a trenc d'alba, sortirem cap a la Cova de la Platja sense que els avis ens sentin –va dir en Tomàs.

–Podem deixar una nota. La pot escriure la Violeta, que ho fa molt bé –va suggerir la Lola.

–Bona idea –va dir la Tina.

Tots hi van estar d'acord.

Van demanar al Rom que els despertés a dos quarts de sis. Sortirien que encara seria fosc. Era millor no perdre temps.

Bona nit, bona nit, bona nit, es van dir tots. I encara es van sentir un parell de lladrucs i tres o quatre miols.

5
Cap a la cova

–FUIG, Rom, deixa'm estar! Fuig! O ets el Cafè? Fora tots! –La Tina estava ben adormida, i no tenia ganes que la molestessin.

De cop i volta, però, es va adonar del que passava. Era hora de llevar-se. Som-hi, doncs!

Va despertar els altres sense fer soroll. El Rom, el Cafè i la Mona la van ajudar moltíssim. Sobretot amb en Nemo, que feia el ronsa i va acabar per aixecar-se, sí, però després que el Rom li deixés la cara ben empastifada de saliva.

La Violeta va escriure ràpidament la nota per als avis:

Benvolguts avi, àvia, Rita i Xesc,

Sortim ben d'horeta, perquè anem a buscar unes herbes per a un treball de naturals que només es poden collir a primera hora del matí, abans que els toqui el sol. Us esperarem a la Cova de la Platja a l'hora de la inauguració. No us preocupeu per res, portem dinar i berenar. Anem amb el Rom, el Cafè i la Mona. I, a més a més, portem la motxilla de la Tina i els walkie-talkies.

I sobretot, no us empipeu amb nosaltres.

Signat,

Tots nosaltres

–Vols dir que s'ho empassaran, això de les herbes pel treball de naturals? –va preguntar en Tomàs.

–Alguna cosa hi havíem de posar –va dir la Tina. Mentre parlava, anava acabant de col·locar les coses a la motxilla. Va pensar que no calia portar el mòbil, perquè allà a la cova no hi hauria cobertura, però igualment el va agafar, per si de cas.

–A mi em sembla bé –va dir la Lola, mentre s'acabava de posar la jaqueta i es penjava el walkie-talkie al coll.

–Vinga, si hem de marxar, marxem –va dir en Nemo, que duia les butxaques plenes de llaminadures–. Tan bé que estaria al llit encara!

–Si vols, pots quedar-te –li va dir la Lola, reptant-lo–. Al cap i a la fi, no anem pas a buscar menjar.

Tots van riure i en Nemo més que ningú.

Van obrir la porta a una velocitat de càmera lenta i van sortir al carrer un rere l'altre «en un silenci digne d'un cementiri en dia d'enterrament», segons va apuntar la Violeta al seu quadern.

Havien d'entrar a la cova per la part de baix, a la platja. Ja havia advertit l'alcaldessa que l'entrada per la Torre Vella, la masia de la muntanya on havien trobat el pou que conduïa al passadís, estava tapiada des del dia del descobriment.

El carrer estava fosc, i feia un ventet fresc que els va produir calfreds.

–Has agafat el mapa? –va preguntar la Tina a en Tomàs.

–I és clar que sí –va dir ell, una mica ofès. De vegades li feia la sensació que la Tina el tractava com si fos molt més petit que ella, i li feia ràbia.– I a més a més, me'l sé de memòria.

–Perdona, perdona, són els nervis. –La Tina ho va voler arreglar.– Violeta, posa't la Mona a l'espatlla, hem d'anar més de pressa. I tu, Nemo, agafa el Cafè. Afanyeu-vos, hem d'arribar a la cova molt abans que els avis es despertin; si no, estarem perduts.

Quan van arribar a la platja, encara era fosc.

–No heu vist res? –va preguntar la Lola, aturant-se i assenyalant l'entrada de la Cova de la Platja.

Ningú no havia vist res, però el Rom lladrava.

–He vist una ombra –va dir la Lola–. Com d'una persona.

–No pot ser –va dir la Tina–. Què vols que faci algú aquí tan d'hora?

–Potser era un pescador que tornava cap a casa –va dir en Nemo, sobretot per tranquil·litzar-se. Allò començava a no agradar-li gens.

–No ho crec –va dir en Tomàs–. Els pescadors no van caminant tots sols per la platja a aquestes hores. Potser era un núvol que passava per davant de la lluna. No podria ser, Lola?

–No n'estic segura, només ha estat un moment. I el Rom també l'ha vist.

El Rom ja havia parat de lladrar i tot tornava a estar en calma.

6
Cova sense sortida

NO SERIA fàcil entrar a la Cova de la Platja. Allà hi havia, en efecte, la roca immensa de què havia parlat l'alcaldessa. Haurien de fer palanca. Amb què? Després de donar voltes i més voltes en la foscor, van acabar trobant un parell de rems amagats en una barca que hi havia gairebé a tocar de l'aigua. Després de quatre intents, ho van aconseguir. Cova oberta. Abans d'entrar, la Tina va anar a tornar els rems a la barca. Estaven en les mateixes bones condicions en què els havien agafat. Una mica mossegats de les puntes, potser. Va demanar un full de la llibreta a la Vio i hi va escriure: «Gràcies. Era una qüestió de vida o mort.»

Un cop dins, la situació no millorava gaire. A moltes zones l'aigua els arribava per sobre dels turmells i estava més fosc que la panxa d'una aranya.

–Nou diguieu mmm... quei jom nom us he dirst que axòsmf no erax unya bonia ideamfs –va rondinar en Nemo mentre mastegava un tros de regalèssia que a penes li cabia a la boca.

El Rom va començar a lladrar.

–Xit! –La Tina el va fer callar.– No heu sentit res? Calleu tots, i escolteu!

En efecte, al fons del fons d'algun fons de la cova se sentien com unes passes i fins i tot unes veus.

–Ja us ho he dit, jo, que havia vist algú –va dir la Lola en veu molt baixa, agafant la mà d'en Tomàs.

–Potser serà millor que marxem –va aconsellar la Violeta. Els seus pares la castigarien sense llegir ni jugar amb la Wii com a mínim cinc anys, si sabien el que estava fent.

–Entrem a tafanejar una mica i marxem –va dir la Tina–. Ja que som aquí... –Va treure la llanterna de la motxilla i va il·luminar el camí. Van començar l'expedició. Tal com havia dit l'alcaldessa, les grutes i passadissos que hi havia allà dins formaven un laberint.

A en Nemo li tremolaven les cames. Tenia fred, gana i por. Volia tornar a casa, però no li feia gràcia marxar tot sol ni tampoc passar per covard.

Un ratpenat va sobrevolar-los el cap. La Mona i el Cafè es van posar a encalçar-lo, estirant les potes cada cop que feien un saltironet.

–Era un ratpenat, el que feia soroll! –va dir la Violeta, alleujada, i va demanar a la Tina que li il·luminés una mica la llibreta per apuntar-ho.

Van seguir avançant per la cova, molt junts i molt lentament.

–Segons el mapa de l'Esther de les Rovirelles, l'entrada al Camí de la Mina que porta fins a la Sala de la Llum, ha de ser cap al sud, és a dir... –en Tomàs va consultar la brúixola– cap allà.

La Tina anava la primera, al costat del Rom, obrint el pas.

–És aquí! I realment és molt estret i molt baix –va avisar la Tina–. Haurem d'anar ajupits. Intenteu no mullar-vos el cul! –va cridar, i va esclafir a riure.

El Rom, el Cafè i la Mona van demostrar sense embuts que no tenien gens de ganes de ficar-se en aquella mena de toll brut i van recular per deixar clara la seva postura.

–D'acord, d'acord –en Tomàs els va acariciar–, quedeu-vos aquí i espereu-nos. No trigarem gaire. Rom –el va mirar als ulls–, si d'aquí a una hora no hem tornat, entra a buscar-nos i, si no ens trobes, vés a buscar els avis. M'has entès?

El Rom va fer quatre lladrucs curts, que

en el seu llenguatge volia dir que sí, que és clar que l'havia entès, que si es pensava que enlloc d'un gos era un ruc o què.

La Violeta, abans d'entrar al túnel, va apuntar a la llibreta:

Ens hem endinsat en la Cova de la Platja per buscar una entrada al sud que coincidís amb les indicacions del mapa. Per fi l'hem trobada, i hem hagut d'ajupir-nos per entrar al Camí de la Mina, més fosc i més fred encara que la Cova de la Platja.

Van avançar a poc a poc, ajupits, gairebé a les palpentes, un rere l'altre, sense saber gaire bé on anirien a parar ni què els esperava a l'altra banda. Però al final d'aquella mena de cuc de pedra fosc i estret hi havia, en efecte, la Sala de la Llum, una caverna alta, immensa, de parets que regalimaven humitat, il·luminada gràcies a una escletxa que hi havia entre les dues roques més altes, que de segur donaven a l'aire lliure.

–Hi entra una mica de llum –va dir en Tomàs.

La Tina no va apagar la llanterna perquè, tot i entrar una lleugera claror, predominava la penombra.

–Això vol dir que ja s'ha fet de dia –va deduir la Lola.

–Quina hora és? –va voler saber en Nemo. Pel soroll que feia la seva panxa, devien ser dos quarts de vuit.

–Dos quarts i cinc de vuit –va dir la Violeta. I va apuntar:

A dos quarts i cinc de vuit hem arribat a una gran cavitat, que segons el mapa es diu la Sala de la Llum, una mica il·luminada, on fa un fred com el que deu fer a les tombes dels cementiris en dies de pluja.

–Bé, doncs aquí s'ha acabat l'excursió –va dir la Tina–. No es veu cap lloc per continuar. És una cova sense sortida, excepte si tornem enrere per on hem entrat.

En Tomàs va consultar el mapa de la nena pirata i va informar:

–No, no, no, no es pot haver acabat. Justament aquí hi ha d'haver algun forat a terra. Alguna mena de pou, no gaire profund, que baixa al túnel per arribar a la Cova del Tresor. L'Esther ho indica molt clar: mireu! –I els va ensenyar el mapa.

–No podem oblidar que l'Esther de les Rovirelles va viure fa dos-cents anys. Potser tot això ha canviat –va dir la Violeta, amb molta lògica.

–Sento olor de salsitxes –va dir en Nemo, mentre ensumava amb cara de felicitat. Encara trobaria alguna cosa suculenta per esmorzar.

–A tu la gana et fa al·lucinar –li va dir la Tina–. Tinc galetes a la motxilla, si en vols.

En Nemo va arronsar les espatlles i va

acceptar un paquet de galetes. S'havia acabat totes les llaminadures i, a falta de salsitxes...

–Vinga, hem de buscar el forat a terra. No disposem de tot el temps del món. –En Tomàs era realista, i sabia que, un cop inauguressin la cova, ja no tindrien ocasió d'escorcollar amb llibertat tota la zona.

7
Una entrada i un greu problema

VAN MIRAR pam a pam el terra de la cova, sense deixar ni un sol centímetre.

–Aquí no hi ha res, el mapa de la nena pirata o bé és fals o bé ja no val perquè, de no fer-lo servir, el túnel deu haver quedat tapat –va dir la Violeta.

–No tingueu tanta pressa –va demanar la Lola. Tot i ser la petita, sempre mostrava molta paciència a l'hora de buscar solucions.

En Tomàs feia estona que no parlava; s'estava quiet en un racó, mirant fixament el mapa del tresor.

–Ho sento –va dir–, m'he equivocat i hem estat perdent el temps.

–Què vols dir? –va preguntar la Tina, sobtada.

–He estat mirant el mapa i és ben clar: no és pas a terra on hem de buscar, sinó a les parets de la cova.

La Violeta va apuntar:

En Tomàs s'ha adonat que interpretava malament el mapa i que la clau d'entrada al túnel que per fi ens portarà a la Cova del Tresor ha de ser a alguna de les parets de la Sala de la Llum.

En Nemo, defallit, es va repenjar d'esquena a la paret que semblava més seca i, de cop i volta, va fer un crit esgarrifós:

–Aaaaaaaahhhhhhhh! –Va aixecar les mans.– No dispari, sisplau, no dispari.

Tots se'l van mirar, astorats. Què feia? Què li passava?

–Què fas, Nemo? Quina mosca t'ha picat? –va preguntar la Violeta.

En Nemo es va girar ben a poc a poc i va

descobrir que el que es pensava que era un home amb una pistola que l'apuntava per l'esquena, era una mena de tub de ferro que sortia de la pedra, com si fos el canó d'una antiga font seca.

La Violeta va apuntar a la llibreta, entusiasmada:

En Nemo es pensava que hi havia un home encanonant-lo, però es tracta només d'un tub de ferro que...

En aquell moment la Lola, que s'havia acostat a en Nemo, va fer un salt, es va penjar del tub de ferro amb les dues mans i sota els seus peus es va obrir una trampa metàl·lica.

...obre la tapa d'un pou a terra!

I la Violeta ja no va poder escriure res més, perquè li van caure la llibreta i el boli a terra en veure que del forat que obria la tapa metàl·lica, en aquell precís moment, a part d'una olor de salsitxes fregides que va fer que a en Nemo se li fes la boca aigua, va sortir el cap d'un home, les seves espatlles, la seva cintura, les seves mans amb una pistola, seguit de les seves cames i els seus peus enormes i, el que és pitjor, encara un altre home, d'aspecte tan sinistre com el primer, amb una altra pistola a les mans.

–Mira, mira, mira qui tenim aquí! –va dir el primer home, que portava a la boca un escuradents que s'anava passant d'un costat a l'altre mentre parlava–. Els maleïts herois del poble! Els grans exploradors!

–Nosaltres ja marxàvem –va dir la Tina–. Anem!

–Vosaltres no aneu enlloc –va dir l'altre home, que duia una gorra vermella i bruta, mentre agafava pel jersei la Lola i en Nemo, que havien començat a circular.

–No podríeu ser com els altres nens, oi? Tranquils, jugant a la maleïda Wii o a qualsevol de les coses avorrides a què jugueu els nens i les nenes. No senyor! Vosaltres heu de venir a fer d'exploradors i a tocar-nos els nassos! –va cridar el de l'escuradents.

–Doncs ara l'heu espifiat –va dir el de la gorra bruta–. Ara... ja no sortireu mai més d'aquí. Us vam perdonar la vida quan vau descobrir el passadís i la cova... Vam tenir la policia escorcollant la zona nit i dia. Tot per culpa vostra.

–Ja t'ho deia, que no els hauríem d'haver deixat marxar, aquell cop –ara parlaven entre ells–; que ens portarien més problemes, i mira'ls, ja són aquí, aquests espavilats! –I va esclafir a riure amb unes rialles que semblaven els grinyols d'unes rodes de tren a les vies. Va estar a punt d'ennuegar-se amb l'escuradents.

–Escoltin, senyors..., nosaltres només ens divertíem, vull dir que..., en fi, que no direm res que els hem trobat aquí... –va començar a dir en Tomàs, adonant-se que les coses anaven molt mal dades.

–Calleu i comenceu a passar! –els va dir el de la gorra vermella assenyalant-los les escales que s'entreveien pel forat. Un cop van ser tots a baix, el de l'escuradents va deixar caure la tapa amb un gran soroll.

A LA PORTA del Camí de la Mina, el Rom pressentia que les coses no anaven bé. Ja feia una hora que els nens havien marxat i no tornaven. Va anar corrents fins a la Sala de la Llum, seguit del Cafè i de la Mona. En arribar-hi, van veure que els nens no hi eren. Només hi havia el quadern de la Violeta a terra.

El Rom, recordant les instruccions d'en Tomàs, va decidir anar a buscar els avis. En el darrer moment, abans de sortir, va agafar el quadern de la Violeta.

8
Els lladres de joies

ELS HOMES els van conduir durant una bona estona per un passadís mal il·luminat amb una bombeta ronyosa. Tots van tenir clar que aquell era el túnel que buscaven. Van caminar gairebé mig quilòmetre, segons els càlculs de la Tina, fins a arribar a un espai que semblava ben bé una habitació. Hi havia un parell de llits, dues cadires, una taula, un joc de cartes, alguns plats bruts, unes quantes ampolles de vi, roba, restes de menjar i, clavat a la paret, un mapa. Sens dubte es tractava del mapa de l'Esther de les Rovirelles. O sigui que l'altra còpia, l'original, sí que existia, i la tenien aquell parell de criminals! En Tomàs es va quedar mirant-lo per memoritzar el tros que mancava al seu.

–Tu, què mires? –El de l'escuradents va acompanyar la pregunta amb un cop a l'esquena d'en Tomàs.

–No res, el dibuix. Que maco, eh? L'han fet vostès? Què és? –Va dissimular que sabia molt bé què era.

–Res que a tu t'interessi. I prou xerrameca.

–Seieu! –els va ordenar el de la gorra bruta. Va beure un glop de vi directament de l'ampolla que havia agafat de damunt la taula.– Sou una colla molt obstinada. Hauríeu d'aprendre a ser obedients. Segur que als vostres avis no els fa cap gràcia que sigueu tan tafaners i que us fiqueu en tants problemes.

En aquell moment, en Nemo va veure que, en efecte, sobre la taula hi havia unes salsitxes.

–Ho veieu com sí que se sentia olor de salsitxes? Me'n puc menjar una? –va demanar.

–Mira aquest, no perd la maleïda gana ni mort de por! –va dir el de l'escuradents, i li va allargar una salsitxa més cremada que no pas cuinada.

–El nostre pla era perfecte, però l'heu hagut d'esguerrar, per segona vegada –va dir el de la gorra–. Ja va ser prou greu que descobríssiu la Cova de la Platja i el passadís..., que, per cert, li heu posat un nom massa llarg, impossible de pronunciar, Viotolonimaturi... en fi, és igual.

–Vitolominuta... –va intentar el de l'escuradents, i tampoc no va poder.

–Viotolonetimomacarom –va dir de pressa la Lola–. No és tan difícil.

En Tomàs li va donar un cop de colze dissimulat.

–Mira que llesta, la petita! –va dir el de la gorra–. En fi, és igual, aviat el passadís i la cova hauran desaparegut amb tot el poble a dins, per sempre més, i podrem robar ben tranquils, sense que ningú no ens molesti. Si haguéssim trobat el tresor que se suposava que hi havia en aquesta cova, ja hauríem pogut marxar..., però no n'hi ha cap, de tresor. Vosaltres no deveu pas saber on para, oi? –Els va amenaçar.

En Tomàs, la Tina, la Violeta, la Lola i fins i tot en Nemo, que no va aconseguir empassar-se el tros de salsitxa que acabava de mastegar, van empal·lidir i van negar amb el cap. O sigui que no havien trobat el tresor? Què volia dir que desapareixeria tot el poble?

–No podem permetre que el nostre cau es converteixi en una maleïda atracció turística, això és fàcil d'entendre, oi? –El de l'escuradents jugava amb la pistola.

–Això és casa nostra –va dir el de la gorra–. És el nostre amagatall, i les joies...

–Calla! –El de l'escuradents el va interrompre.

–O sigui que vostès són els lladres de joies que la policia busca des de fa tant de temps –va dir la Tina–. És clar que no els troben! Ningú no sap que hi ha aquest passadís sota el nivell del mar.

–I tot hauria continuat sent maleïdament perfecte si vosaltres no... –El de l'escuradents va serrar les dents i va escopir.– Avui, quan tothom sigui a la inauguració, la cova s'esfondrarà... per accident –va dir, rient, mentre es gratava la barbeta amb la pistola.

–No ho poden fer, això –va dir la Tina.

–Oi tant que podem! Ja ho veureu!

–No sé si ho veuran, ells... –va comentar el de la gorra bruta–. Els portarem al final del túnel... i formaran part del nostre botí per sempre més, ha ha ha ha!

–Com l'esfondraran, la cova? –va preguntar en Tomàs–. Si no pensen deixar-nos sortir d'aquí mai més, no ho podrem dir a ningú, o sigui que ens ho poden explicar.

–Els ho explico? –va preguntar el de la gorra al de l'escuradents. El de la gorra estava molt orgullós del sistema d'esfondrament, perquè l'havia inventat ell, i li agradava la idea d'explicar-ho a algú per demostrar el seu enginy.

–Va, explica'ls-ho! Mentrestant, vaig a la Gruta a preparar les maleïdes cordes per lligar-los. –I va desaparèixer en la foscor.

–Doncs mira, nen, el que he fet és una obra d'autèntica enginyeria –va dir mentre es treia la gorra; els nens van poder veure que era calb i que tenia el cap en forma d'ou–. Quan siguin tots a dins, amb la banda de música, l'alcaldessa, la poli i el poble sencer, estiraré aquests filferros que veieu aquí. –Va assenyalar uns filferros que sortien de la paret.– Estan connectats a un sistema de politges que faran caure, per cada un dels fils, una roca de mil tones. Totes les sortides quedaran tancades, no hi haurà cobertura per als mòbils, tampoc no es podran fer servir els walkie-talkies, perquè aquí dins són inútils, i a la cova quedarà aire només per unes vint-i-quatre hores, que serà el temps que tota la gent del poble tardarà a deixar d'existir.

Els nens van quedar horroritzats. No podien fer res. Estaven perduts. I el poble també.

En Tomàs va fer un últim intent:

–I vostès? També quedaran atrapats aquí dins...

–No, no, no! Tot està calculat! Nosaltres sortirem per la cova que hi ha al final del passadís. Tindrem una barca esperant-nos. La Gruta també té entrada i sortida per l'aigua. I de fet, aquella és la via que feien servir els pirates a la seva època. Però això ara no importa. Vinga, anem cap allà. La vostra aventura acaba aquí.

O sigui que havien trobat la sortida per mar, va pensar en Tomàs. Així doncs, potser no estaven perduts del tot.

9
En perill

LA GRUTA era realment magnífica. Impressionava pensar que estaven sota l'aigua. Semblava increïble que existís un lloc com aquell.

Per començar, part de les parets eren de vidre, o d'alguna cosa que s'hi assemblava, i així des d'allà dins podien veure el fons del mar, els peixos i les plantes que els envoltaven. Els homes els van explicar que, des de fora, no es distingia res, perquè les parets feien com de mirall.

Van veure dos vestits de bus arraconats al fons de la cova. Era clar que allà hi havia la sortida per l'aigua de què havien parlat.

Els lladres els havien deixat sols, convençuts que no es podrien escapar. A més a més, a penes es podien moure, perquè estaven lligats de peus i de mans.

–No podrem sortir d'aquí mai més –va dir la Violeta, a punt de plorar.

–Et vam rescatar una vegada, i ho tornarem a fer –va assegurar la Tina, per tranquil·litzar-la.

–El que passa és que aquest cop som a dins nosaltres també –va afegir la Lola.

–Tens raó, Lola, ho tenim difícil –va reconèixer en Tomàs–. I a sobre han dit que els walkie-talkies aquí no funcionen. Sort que el Rom deu haver anat a buscar els avis.

–Sí, molt bé, d'acord, però és impossible que ens trobin! Pensa-ho! La policia no ha aconseguit descobrir l'amagatall dels lladres i fa mesos que ho intenten –va dir la Violeta, desesperançada.

–A veure, no ens podem resignar i dir que no podem fer res. Jo tinc gana, i si no sortim d'aquí, només podré menjar aquelles salsitxes cremades que fan els lladres.

A pesar de la por i la greu situació en què es trobaven, tots van riure la broma d'en Nemo.

En Tomàs va observar que els vestits de bus eren massa grans per a qualsevol d'ells. No podien ni intentar-ho, sortir per l'aigua.

–Doncs pensem: segur que a la motxilla de la Tina hi ha alguna cosa que pot servir-nos –va dir la Lola.

–T'agraeixo la confiança en la meva motxilla, Lola, però sense mans... poc... –i va callar, perquè de cop i volta va veure que la Lola aplaudia.

–Com t'ho has fet? –li va preguntar, astorat, en Tomàs–. Corre, deslliga'm!

–No he fet res, és que s'han oblidat de mi i no m'han lligat!

–I fins ara no has dit res? –La Violeta es va indignar.

–Estàvem parlant! –va dir la Lola, defensant-se.

–Deixeu de discutir! –va ordenar en Tomàs mentre deslligava en Nemo.

–I ara –va dir la Tina– repassem la situació.

–Jo m'he quedat sense llibreta! –es va queixar la Violeta.

–Ara una llibreta no ens ajudaria pas gaire, Vio! –va dir en Nemo.

–Tens raó. Què tenim a la motxilla? –va preguntar en Tomàs.

La Lola, que s'ho sabia de memòria, va recitar, sense deixar-se'n cap, tots els objectes que hi duia.

–També tenim el mòbil –va afegir la Tina.

–Hi ha un paquet de galetes menys –va recordar en Nemo.

Les galetes no els feien falta, de moment, però havien de pensar en alguna solució, i de pressa.

10
El tresor

VAN PASSAR una estona meditant, en silenci, concentrats.

–D'acord, treu la ràdio, el walkie-talkie, el filferro, els llumins, una espelma i un boli –va demanar la Tina a la Lola, que ho va fer de seguida.

–Què penses fer? –va preguntar en Tomàs.

–Transmetre un missatge d'auxili en Morse –va assegurar la Tina.

–Què? –van preguntar tots alhora.

En aquell moment, van sentir unes passes que s'acostaven. Se'ls va fer un nus a la gola. Amb una velocitat vertiginosa es van col·locar en la posició en què els havien deixat i van fer veure que continuaven lligats. Van esperar quiets i contenint la respiració durant uns instants. Només els va arribar un crit:

–Que us divertiu! Nosaltres sortim a veure si trobem alguna joieta més!

Van esperar a sentir de nou un silenci absolut.

–Si haguessin trobat el tresor, haurien deixat de robar? –va preguntar la Lola.

–No ho crec –va dir la Tina–. Els lladres...

–Són lladres! –va explicar en Nemo–. I així com els pescadors pesquen i els fotògrafs fotografien... els lladres, lladren, ha ha ha!

–Els lladres roben, sí, deu ser això –va dir la Violeta.

–Bé, seguim! –va proposar la Tina. Es van posar tots en cercle.– La qüestió és que no ens funciona el mòbil..., però... si aconseguim una bona font d'alimentació, una antena suficient per una freqüència VHF i una bona propagació..., podrem enviar un SOS als navegants que tinguin connectada la ràdio.

–Però..., com vols que ho fem, amb això? –es va queixar en Nemo, mirant incrèdul la ràdio, el walkie-talkie, el mòbil i la resta del material.

La Tina no es va deixar desanimar.

–Font d'alimentació: unes piles i la bateria del mòbil. Una antena: el filferro. Els cristalls del walkie-talkie serviran per canviar a una freqüència en la banda nàutica i la FM de la ràdio per buscar-la.

Tots la miraven bocabadats. La Tina, en adonar-se'n, els va dir:

–Què us passa? Ja sabeu que m'agrada llegir revistes de radioaficionats i que... És igual, ja us ho explicaré un altre dia. Ara hem d'anar per feina. Nemo, vés preparant boletes de cera; ens serviran per unir-ho tot. L'altaveu, el del mòbil. Ho hem de muntar i buscar el millor lloc per transmetre, que serà... el lloc des del qual millor ens arribi el senyal que ve de fora.

–I la punta del boli servirà per passar el missatge en Morse, oi? –va deduir en Tomàs.

–Exacte! El farem servir per connectar i desconnectar el fil del walkie-talkie que dóna pas a la veu. Som-hi!

Mentre en Nemo anava fent boletes de cera, els altres van connectar la bateria del mòbil a la ràdio i van afegir el filferro a l'antena, que va quedar ben llarga. Després van adaptar l'auricular del mòbil i el walkie-talkie. Van engegar l'aparell i van començar a donar voltes per la cova, a veure si rebien algun so. No hi havia manera, semblava missió impossible.

Aleshores en Tomàs, que feia estona que estava pensatiu, va dir:

–M'he fixat en el mapa que tenen els lladres a la paret i, segons el dibuix de la nena pirata, aquesta gruta hauria de ser més gran. I el tresor hauria d'estar amagat a sota de la gran finestra que dóna al mar. En fi, que és clar que aquí hi ha d'haver una altra sala. Però on? Potser des d'allà podríem connectar.

Tots van mirar en direcció al vidre. Van veure com passava nedant veloç un peix de color daurat.

–Allà no hi ha res –va dir la Violeta.

La Lola es va acostar a la paret, lentament, i un cop ben a la vora va veure que hi havia una mena de mirall en el qual no s'hi reflectia. Va passar-hi per davant unes quantes vegades, i res, el mirall seguia sense veure-la.

–No és molt estrany, això? –va preguntar a en Tomàs.

–I tant, sí –va dir en Tomàs–. I va atansar la mà al mirall. Va quedar astorat quan va veure que la mà hi entrava sense dificultat. Primer una mà, després l'altra, una cama i l'altra, el cos i el cap i... aviat, en

Tomàs havia desaparegut darrere del que semblava un mirall.

No ho era! Era una cortina de roba metàl·lica opaca!

Des de fora, els altres van sentir en Tomàs:

–Veniu! Mireu!

Van passar a través de la cortina i es van trobar una sala rodona amb parets de miralls. En aquells sí que s'hi reflectien! En uns es veien baixos i grassos, en d'altres alts i esprimatxats, o amb el cap enorme i els peus petits, amb les orelles immenses i els ulls xinesos. Hauria estat molt divertit passar una estona jugant-hi, si la situació hagués estat una altra.

–Som-hi, deixem de mirar-nos. És clar que aquí no hi ha cap tresor. Algú deu haver arribat abans que nosaltres, potser ja fa molt de temps, però això ara no importa. El que hem de fer és intentar connectar amb l'exterior. Estem en perill, nosaltres i tot el poble. És urgent –va dir la Tina.

Van tornar a fer proves, des de diferents punts de la sala, però no hi va haver manera. Tenien el temps en contra, i passava molt de pressa.

–Quina hora és? –va voler saber la Lola.

L'únic rellotge que portaven era el del mòbil de la Tina i l'havien desmuntat per fer servir la bateria.

–Allà hi ha un rellotge –va dir en Nemo, pensant que a ell no li calia, perquè mesurava les hores segons la gana–, però ara deuen ser les...

–Un moment! –En Tomàs el va interrompre amb un crit, mentre es treia el mapa de la butxaca.– Mireu bé aquest rellotge!

–És igual que el del mapa! –va dir la Tina.

Era un rellotge de pèndol que penjava de la part més alta d'un dels miralls. L'esfera era idèntica a la que havia dibuixat l'Esther de les Rovirelles.

–No ens serveix per saber l'hora –va dir la Violeta–. Deu fer segles que està parat.

–Però potser ens serveix per esbrinar alguna cosa –va aventurar en Tomàs.

–Potser sí –va dir la Tina, desanimada–, però vés a saber què.

–Potser funciona com el mapa i s'ha de moure una hora cap a la dreta –va dir en Tomàs amb lògica.

Tots es van mirar, esperançats. Potser sí. No podien fer altra cosa que provar-ho.

Com que no hi arribaven, van fer un petit pilar com els dels castells. En Nemo es va enfilar a les espatlles d'en Tomàs i la Tina va pujar sobre les d'en Nemo. I allà, fent equilibris i amb molta cura, la Tina va moure l'agulla de les cinc a les sis. No va passar res de res.

El desànim era tan gran que gairebé semblava un cuc que es passegés d'una banda a l'altra de la sala.

Quan la Tina es disposava a baixar, la Lola, que no havia deixat de mirar el rellotge, va dir:

–Espera! Espera! Potser és que hem de posar el rellotge a la una, com al mapa.

Allò tenia encara més lògica.

–Prova-ho! –va insistir la Lola.

I la Tina, tremolant pels nervis, va traslladar amb delicadesa l'agulla fins a la una. Aleshores, un soroll terrible va fer trontollar la cova sencera. Els va fer la sensació que tot s'esfondrava. En canvi, de cop i volta i com per art de màgia, tots els miralls es van anar plegant un rere l'altre com si formessin part d'un ventall que es tancava, i van deixar al descobert un tresor de dimensions indescriptibles. L'havien trobat. Muntanyes de monedes d'or que arribaven gairebé fins al sostre. Antics baguls de fusta, plens de collars de perles, corones amb pedres precioses, ceptres i copes i plats d'or. Tot el que havien acumulat pirates i pirates durant segles i més segles, entre altres la família de l'Esther de les Rovirelles.

11
Una gran idea

–NO US DEIXEU enlluernar, ara. Tenim feina. Hem de transmetre el missatge de socors –va recordar la Tina.

Tots van estar d'acord que tenia raó.

Llavors, la Lola va tenir una idea:

–I si pugem a la muntanya de monedes d'or?

–És clar que sí! L'or és un transmissor magnífic! –va recordar en Tomàs. La Lola sempre tenia bones idees.

Van pujar-hi tots, un rere l'altre, al capdamunt del turó. Era estrany caminar sobre aquella muntanya de monedes on els peus s'enfonsaven a cada pas. Quan estaven arribant a dalt, els va començar a arribar un senyal.

Després d'un quants sons incomprensibles i diversos moviments per dalt de la muntanya, van sentir:

«Bram, Bram, Bram, aquí Neptú Tercer, aquí Neptú Tercer, aquí Neptú Tercer. Em reben? Canvi!»

I de nou:

«Bram, Bram, Bram, aquí Neptú Tercer, aquí Neptú Tercer, aquí Neptú Tercer. Em reben? Canvi!»

I després:

«Neptú Tercer, Neptú Tercer, Neptú Tercer, aquí Bram, endavant. Canvi!»

–Bé, va dir la Tina, ha arribat el moment decisiu. Creueu els dits!

Va acostar el walkie-talkie a l'altaveu per fer els senyals de SOS. Va tocar amb la punta del boli el cable que connectava i desconnectava la veu: Tres tocs curts, tres de llargs, tres de curts.

Van esperar en silenci. Ningú no va dir res.

Hi va tornar: Tres de curts, tres de llargs, tres de curts.

Llavors van sentir:

«Bram, Bram, Bram, aquí Neptú Tercer, aquí Neptú Tercer, aquí Neptú Tercer. No has sentit uns senyals com de Morse? Canvi!»

«Neptú tercer, aquí Bram. Sí, sí, els he sentit, però es deu tractar d'alguna broma. Ja ningú no fa servir el Morse! Què deien? Canvi!»

–Torna-hi, Tina, torna a fer-ho! –li va demanar en Tomàs.

I la Tina hi va tornar: tres senyals curts, tres de llargs, tres de curts.

«Bram, aquí Neptú Tercer, em sembla que és un missatge de socors. Canvi.»

«Neptú Tercer, aquí Bram. A mi també m'ha semblat un SOS. Ara mateix aviso Salvament Marítim. Canvi.»

«Bram, aquí Neptú Tercer. D'acord, quedo a l'escolta, per veure si ens donen les seves coordenades. Canvi i tallo.»

Perfecte, va pensar en Tomàs. Al mapa de l'Esther de les Rovirelles estaven apuntades les coordenades. Latitud i longitud. El va treure de la butxaca i va demanar a la Tina que enviés les dades.

La Tina va haver de mirar l'alfabet Morse en miniatura que duia al seu clauer navalla cadenat amb alarma incorporada:

Lletra	**Codi**	**Lletra/Nombre**	**Codi**
A	.–	S	...
B	–...	T	–
C	–.–.	U	..–
D	–..	V	...–
E	.	W	.––
F	..–.	X	–..–
G	––.	Y	–.––
H	....	Z	––..
I	..	1	.––––
J	.–––	2	..–––
K	–.–	3	...––
L	.–..	4	....–
M	––	5	.....
N	–.	6	–....
O	–––	7	––...
P	.––.	8	–––..
Q	––.–	9	––––.
R	.–.	0	–––––

Van donar la seva posició i van escriure unes paraules clau, tot en Morse:

AVISEU ALCALDESSA
NO INAUGURACIÓ
NENS COVA LLADRES

Van transmetre el missatge tres vegades. Llavors van sentir:

«Bram, aquí Neptú Tercer. Ja tinc coordenades. Però és impossible, perquè corresponen a un lloc que tinc ben a prop, a la vista, i no hi veig res. Canvi.»

«Neptú Tercer, aquí Bram. Ja t'ho he dit, deu ser una broma de gent desocupada i poca-solta. Apaguem la ràdio i pesquem tranquils. Canvi.»

–Tina, aquesta és la nostra única i última oportunitat –va dir la Violeta–. Transmet: Nens segrestats cova sota aigua.

La Tina ho va fer tan ràpid com va poder, que no era gaire, perquè havia de consultar lletra per lletra:

NENS SEGRESTATS
COVA SOTA AIGUA

Els nens van esperar.

«Bram, aquí Neptú Tercer. Aviso la policia. Si això és veritat, hi ha algú en un terrible perill. Canvi.»

«Neptú Tercer, aquí Bram. D'acord, crec que és el millor. Torno cap a port. Canvi i tallo.»

Just en aquell moment el de l'escuradents i el de la gorra bruta van entrar a la Gruta i, astorats, van veure que no hi havia ningú. Era incomprensible. Com s'havien escapat? Però ara no podien pensar en això. Ja s'encarregarien d'aquells marrecs quan arribés el moment. Eren les sis de la tarda. Al cap de dues hores, tota la gent del poble quedaria atrapada a la cova i ells podrien robar a totes les cases sense témer res ni ningú.

12
Dispositiu oficial

QUAN els amos del Neptú Tercer van avisar la policia, es van posar immediatament en acció tots els dispositius extraordinaris per comprovar la veracitat de l'alarma. Per mar: Salvament Marítim va salpar de seguida, amb un petit submarí a bord. Per aire: un helicòpter va començar a sobrevolar la zona des d'on s'havia rebut la petició d'auxili. Per terra: van anar fins a la costa dues furgonetes i una ambulància.

L'alcaldessa, avisada del contingut del missatge per Morse, va demanar a un grup especial de la policia que es desplacés fins a la Cova de la Platja, per veure si hi havia cap perill, abans de fer la inauguració.

El que no sabien encara és que, allà dins, lligats i emmordassats, trobarien els avis, els amics dels avis, el Rom i el Cafè.

I ÉS QUE hores abans els avis i els amics dels avis, empipats i alhora alarmats per la desaparició dels nens, havien vist amb preocupació l'arribada del Rom, el Cafè i la Mona sense ells.

–Mireu, el Rom porta el quadern de la Violeta! Potser hi trobarem alguna pista –va dir l'àvia, agafant la llibreta.

Van llegir detingudament tota la informació que hi contenia, molt útil sens dubte en aquell cas, i van anar plegats i de pressa cap a la Cova de la Platja. Un cop allà, i gràcies a les indicacions de la Violeta, van localitzar el Camí de la Mina que duia a la Sala de la Llum. Quan estaven buscant per les parets la palanca per obrir la tapa, aquesta es va obrir aparentment tota sola i d'allà van sortir l'home de l'escuradents i el de la gorra vermella i bruta. Només la Mona va tenir temps d'escapar-se.

–Mira qui tenim aquí! –va dir el de l'escuradents mentre els apuntava amb la pistola–. Vinga, vells, moguin-se, vagin cap aquell racó, ràpid! I tu –va dir al de la gorra–, lliga'ls bé.

El de la gorra bruta els va lligar mentre els explicava que els nens estaven allà dins, tots ben tancats, i que no en sortirien mai més.

El Rom va mossegar el de l'escuradents, mentre intentava lligar-lo. L'home li va donar un cop amb la culata de la pistola que el va deixar estès a terra. Semblava mort. Veient això, el Cafè es va deixar lligar sense ni tan sols intentar esgarrapar-los.

Quan els van tenir a tots lligats, els van emmordassar amb cinta adhesiva i els van dir:

–D'aquí a unes hores... quan sigui el moment de la maleïda inauguració, tota aquesta maleïda cova s'esfondrarà amb vostès a dins. Amb l'edat que tenen... ja haurien de saber que no es pot ficar el nas en els assumptes dels altres –va dir el de l'escuradents–. Som-hi, marxem, aviat tindrem tot el maleït poble a la nostra disposició.

Van desfilar rient.

ARA, unes quantes hores després, la policia arribava a la cova i, guiats per la Mona, que s'havia amagat fora esperant que se li acudís alguna solució, aconseguia trobar els avis.

–El poble sencer està en perill –va dir l'avi a la policia tan bon punt li van treure

la cinta adhesiva de la boca–. No es pot inaugurar...

–No s'amoïni, ja hem suspès la inauguració. Ara, hem de trobar els nens.

L'àvia, quan la van deslligar, va anar corrents cap on era el Rom. El pobre respirava amb dificultat i no es podia moure.

–Necessitem un veterinari, urgent –va demanar.

Un dels guàrdies va sortir per avisar els companys que hi havia fora.

–De seguida en vindrà un, no es preocupi –va informar quan va tornar a entrar.

L'avi va moure la palanca de la paret per obrir la tapa, que els lladres havien deixat tancada. Un cop oberta, van esperar que s'enduguessin el Rom i hi van entrar tots.

Van caminar pel túnel una estona i aviat van trobar la primera habitació on havien estat els nens. Però allà, és clar, no hi havia ningú. Van continuar fins a la Gruta i, amb preocupació angoixant, van descobrir que allà tampoc no hi havia ningú. Aleshores el

Cafè, guiat pel seu olfacte i astúcia, va travessar la cortina metàl·lica i va trobar els seus amics jugant amb el tresor, posant-se collars, fent servir ceptres i llançant monedes per fer punteria.

–És el Cafè! –va cridar la Lola, emocionada.

Van sortir a la Gruta i van trobar la policia, els avis, la Mona, la Rita i en Xesc. Contents de veure'ls, esvalotats i alhora temorosos per la reprimenda que, amb raó, els cauria tard o d'hora a sobre, van fer un relat amb detall de tot el que havia passat. Després els van ensenyar el sistema de filferros amb què els lladres volien esfondrar la cova i el passadís per tancar tot el poble a dins.

–On és el Rom? –va voler saber la Lola.

–Un dels lladres li ha fet mal... –va dir la Rita–, però no us amoïneu. Es posarà bé. Se l'han endut per curar-lo.

Aleshores es van asseure tots en cercle i van discutir els passos que havien de seguir. El primer de tots, perquè els lladres no sospitessin res, era que els avis, la Rita, en Xesc i el Cafè tornessin a la sala on els havien deixat i fingissin que encara estaven lligats.

13
Una trampa infal·lible

ELS LLADRES van tornar al seu amagatall cap a les set del vespre. Tenien temps de sobra. La inauguració era a les vuit, i pensaven estirar els filferros connectats a les politges a un quart de nou, per assegurar-se que tothom fos a dins.

Van veure que els avis seguien allà, a la Sala de la Llum, lligats de peus i mans. El gos s'havia esfumat; probablement el cop que li havien donat no havia estat prou fort. Això és el que van pensar.

Estaven molt contents de com anava el pla, excepte pel fet que els nens havien desaparegut de manera misteriosa. Potser havien intentat sortir per l'aigua i s'havien ofegat. Millor: ja no tornarien a molestar-los. Els lladres se sentien molt astuts, molt orgullosos d'ells mateixos. D'aquella sí que es farien rics per sempre més. Reien i brindaven contents pel seu èxit.

Els avis, tan bon punt els lladres van baixar al seu amagatall, van posar sobre la tapa una pedra enorme. Després, van sortir a avisar la policia que tot anava segons el que havien planejat. Els guàrdies, que fins aquell moment havien estat amagats, van establir un cordó de seguretat al voltant de la Cova de la Platja perquè ningú no s'hi acostés.

Puntualment a un quart de nou, quan els lladres van pensar que tenia lloc la inauguració, van estirar els filferros i van celebrar amb riallades escandaloses el que acabaven de fer. Tota la gent del poble devia haver quedat empresonada per tota l'eternitat.

Quan van entrar a la Gruta per posar-se

els vestits de bus i escampar la boira, van descobrir amb terror que no estaven sols. I que els qui els acompanyaven no eren els nens, sinó el capità de la policia i dos agents més.

–Bona tarda, senyors –va dir el capità–. Siguin benvinguts a la Gruta del tresor.

–Ho pot deixar en maleïda Gruta, que de tresor no n'hi ha cap –va dir el de l'escuradents.

Dit això, els lladres, sense recordar que acabaven d'enfonsar la cova sencera amb pedres de mil tones, van intentar fugir. Van córrer pel passadís que duia cap a la Sala de la Llum. Els policies els van deixar fer. Sabien que els avis havien posat sobre la tapa de sortida una pedra impossible de moure.

–Què caram passa, aquí? –es va queixar el de la gorra, suant, mentre es gratava la calba després d'empènyer amb totes les forces.

Van tornar a la Gruta, on els esperaven

els policies... ara amb els nens! No s'ho podien creure. D'on havien sortit?

–D'aquí no es pot sortir si no és amb un maleït vestit de bus –va dir el de l'escuradents–. I només hi ha vestit per a dos. Com ho heu fet, per escapar-vos?

–No ens hem pas escapat –va dir en Tomàs–. Érem aquí al costat mateix, transmetent un missatge de socors i...

–I jugant amb el tresor que vostès no van saber trobar –va acabar la Lola, satisfeta. No podia suportar que haguessin fet mal al Rom.

–Tresor? –va balbucejar el de la gorra–. Què voleu dir?

–Deixa'ls, no veus que t'estan prenent el pèl? Com vols que hagin trobat el tresor, aquests nans eixelebrats?

La Tina va entrar a buscar una corona i un dels baguls de fusta ple de perles i de monedes d'or. Quan va sortir, amb la corona encaixada al cap, va dir:

–Això n'és una part. Si en lloc de robar

la gent del poble haguéssiu buscat una mica més per la cova, seríeu immensament rics.

–Bé, prou de xerrameca –va dir el capità–. Aquests dos tenen una cita important. Els esperen.

Van veure, per la paret de vidre, que per fora s'acostava un submarí.

–Aquest submarí ens vindrà a buscar un per un i ens traurà a la superfície. Allà fora hi ha un vaixell i un helicòpter. El vaixell, per a nosaltres –va assenyalar els seus companys policies i els nens–, i l'helicòpter... per a vosaltres, perquè us portarà directament a la presó.

–Molt bé –va dir el de l'escuradents, rabiós–, però heu arribat tard. A aquestes hores, tot el maleït poble està enterrat sota les roques de la cova.

–Ah, sí, aquest detallet –va dir el capità–. Sí, sí, molt interessant. Per començar, no n'hi ha hagut, d'inauguració, perquè els nens ens van avisar per ràdio que hi havia perill. I d'altra banda –van riure tots a cor què vols–, us heu equivocat connectant les politges i... per sort, tot segueix com estava. Res no ha caigut ni s'ha esfondrat ni res de res. Demà diumenge, al matí, farem una xocolatada per a tothom i inaugurarem, per fi, el passadís de Viotolonit... Viotolonumi... Viotolocata...

–Viotolonetimomacarom! –el van ajudar a dir tots els nens alhora.

–Però... –va comentar llavors la Tina–, la veritat és que, entre tots, hem pensat que ens agradaria posar-li un altre nom.

Els policies i els lladres els van mirar intrigats.

–Si –va dir la Violeta–, hem decidit que es digui Passadís d'Esther de les Rovirelles, que és a qui devem el fet d'haver conegut la Cova del Tresor...

–I d'haver enxampat aquests lladregots! –va dir la Lola mentre els lligava les mans.

–Bé, n'haureu de parlar amb l'alcaldessa, però estic ben convençut que no hi haurà cap problema... com a mínim, no costa tant de dir!

–Porteu alguna cosa per menjar? –va implorar en Nemo, aguantant-se la panxa com si li fes un mal insuportable.

–La policia no sol portar menjar a domicili –va dir l'agent en to de burla–. Per això... us haureu d'esperar una mica!

Van començar a pujar un per un al submarí. Primer els lladres, després els policies, després el Cafè, els nens i, l'últim, el capità. Per cert que en Tomàs, tot just abans de pujar-hi, va retrocedir corrents fins a l'habitatge dels lladres per recuperar l'altre mapa de l'Esther de les Rovirelles. Ara ja el tindria tot complet. Tal vegada hi descobriria alguna cosa més, o com a mínim seria un bon record d'aquella nena pirata que tant li hauria agradat conèixer. El seu nou objectiu, potser, seria buscar una màquina del temps i viatjar al passat per anar a trobar-la.

14
Celebracions

TOTS ELS HABITANTS del poble estaven profundament agraïts pel valor demostrat pels nens, que els havien salvat la vida i els havien ajudat a caçar aquells lladres que els amargaven l'existència des de feia tant de temps. Els consideraven uns autèntics herois.

El diumenge al matí tothom els aplaudia quan en Nemo, la Lola, la Tina, la Violeta, en Tomàs, el Cafè, la Mona i el Rom, amb la pota en cabestrell, van pujar a una tarima muntada per la policia per ser condecorats amb una medalla a la valentia i a la solidaritat.

El capità de la policia i l'alcaldessa van fer un discurs per agrair-los la seva acció. També van felicitar els amos del Bram i del Neptú Tercer. Van esmentar després els avis i els amics dels avis, que havien col·laborat d'una manera admirable. Els avis i els amics dels avis també aplaudien, com tots els altres, però encara es guardaven una reprimenda considerable, per fer-la durant el viatge de tornada a casa.

Després, l'alcaldessa va donar per inaugurat el Passadís d'Esther de les Rovirelles i va entregar el premi que havien acordat entre tot el poble. Van donar a cada nen una moneda d'or del tresor –a partir d'aquell dia el tresor passaria a formar part del museu instal·lat a la Cova de la Platja– i una bicicleta amb tota mena d'estris preparats per a tota classe d'aventures. A la motxilla que duia al portaequipatges hi trobarien un vestit complet de submarinista, una alarma per posar a la seva habitació quan estiguessin reunits per tractar temes delicats i secrets, un paquet de supervivència amb material d'infermeria, menjar i beguda per a tres dies i alguns elements de defensa personal, un manual amb l'alfabet Morse i més informació d'utilitat, un xiulet d'ultrasons i, finalment, un GPS.

Com és natural, tan bon punt van rebre el regal, els van agafar unes ganes boges d'estrenar-ho tot. Es van adreçar una mirada de complicitat: Haurien de pensar en una altra aventura.

SI T'HA AGRADAT AQUEST LLIBRE, POTS LLEGIR D'AQUESTA MATEIXA COL·LECCIÓ...

100 ***El llibre màgic***
Flavia Company
Una porta tancada sempre desvetlla curiositat. Si resulta que, a sobre, hi ha dues portes tancades, les ganes de saber què hi ha al darrere es multipliquen. Les vacances d'en Tomàs, la Lola, la Tina i en Nemo canvien radicalment quan s'endinsen en el laberint que amaga la primera porta.

118 ***L'illa animal***
Flavia Company
Aquest estiu, els avis d'en Tomàs i la Lola han llogat un veler per fer unes vacances a alta mar amb els néts, un grup d'amics, i el Cafè i el Rom. Però una tempesta els arrossega fins a una illa molt especial, on és de dia i de nit alhora. Allà viuen una aventura inoblidable.

120 ***El missatge secret***
Flavia Company
Mentre juguen a la platja, la colla d'en Tomàs i la Lola troben una ampolla amb un missatge dins: algú demana ajuda des de la torre vella, un casalot abandonat, inhòspit i fantasmagòric. La colla decideix anar d'amagat a alliberar aquesta persona.

135 ***L'espai desconegut***
Flavia Company
Aquesta vegada, la colla d'en Tomàs i la Lola, la Tina i en Nemo, el Rom i el Cafè, els avis i els amics dels avis se'n van a Moscou, a un museu hotel on es fan simulacions de viatges espacials. Un cop allà, però, el suposat viatge de ficció es complica molt i molt...

i també...

151 ***Les aventures d'un ratolí de biblioteca***
Salvador Comelles
L'Aquil·les no és un ratolí qualsevol, té nom d'heroi i sap llegir. És un ratolí de biblioteca. Un dia, però, ensorren l'edifici on viu perquè han construït una biblioteca nova. El ratolí haurà de fugir i espavilar-se. No s'imagina pas el que l'espera!

152 ***Estels Vermells***
Flavia Company
En Gerard és un ocell que no sap volar, perquè ha crescut en una família d'esquirols que el va adoptar i no n'hi han pogut ensenyar. La vella formiga sàvia del bosc l'acompanya a veure el falcó perquè li faci classes de vol. El viatge i les classes li ensenyen a volar i moltes més coses.

155 ***Quina vergonya, el pare!***
Meir Shalev
A l'Efraïm les coses que fa el pare li fan passar molta vergonya, començant per la feina: es passa el dia escrivint... L'Efraïm moltes vegades es voldria fondre, quan va amb el pare a un restaurant, a un casament, quan l'acompanya a l'escola... Però el pare té cops amagats.

157 ***Vull ser el llop!***
Bettina Wegenast
Al prat tothom està revolucionat: s'han quedat sense llop! A l'oficina de treball hi ha un anunci que diu que se'n busca un de nou per substituir-lo. En Pep, un be molt espavilat i sense gens de vergonya, es presenta per al càrrec.